人は女に生まれるのではない。女になるのです。

シモーヌ・ド・ボーヴォワール

PROFILE | Simone de Beauvoir

哲学者、作家。1908年1月9日〜1986年4月14日。フランス生まれ。ジャン＝ポール・サルトルと結婚。お互いの自由恋愛を認めながら添い遂げる。女性解放思想の草分け『第二の性』、自伝小説『レ・マンダラン』など多くの著書を残した。1970年代に人工妊娠中絶の合法化を求める運動を牽引した。

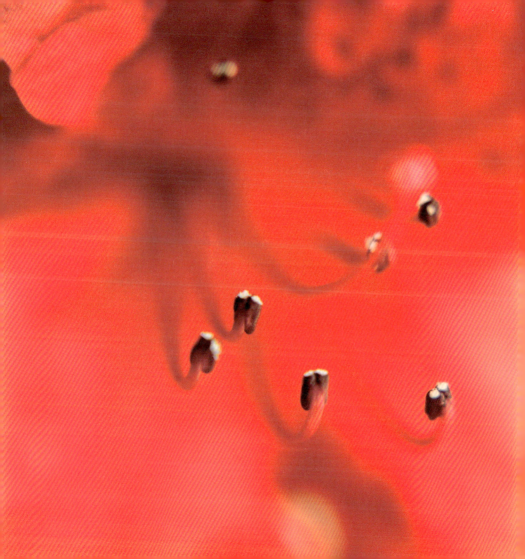

THE WAY I SEE IT, IF YOU WANT THE RAINBOW,
YOU GOTTA PUT UP WITH THE RAIN!

虹が見たいんだったら、雨は我慢しなくちゃね。

ドリー・パートン

PROFILE | Dolly Parton

シンガーソングライター、女優。1946年1月19日〜。アメリカ生まれ。カントリー・ミュージックの第一人者として知られており、ビルボード・チャートで25曲が第1位を獲得するなど歴史に残る記録を打ち立てた。「I WILL ALWAYS LOVE YOU」は、映画『ボディガード』の主題歌としてホイットニー・ヒューストンが歌い、全米シングル売り上げ最高を記録した。

as long as
i live i will have control
over my being.

生きている限り、
わたしという存在をコントロールするのは、わたし。

アルテミジア・ロミ・ジェンティレスキ

PROFILE | Artemisia Lomi Gentileschi

画家。1593年7月8日〜1652年。イタリア生まれ。17世紀当時としては珍しい女流画家であった。レイプ被害を訴訟した公文書が残っており、ジェンダー研究の対象としても知られている。

have no fear of perfection; you'll never reach it.

完璧を恐れる必要はありません。
それに到達することは決してないのですから。

マリ・キュリー

PROFILE | Maria Curie

物理学者・化学者。1867年11月7日〜1934年7月4日。ポーランド生まれ。放射能元素ポロニウムとラジウムを発見し、ノーベル物理学賞、化学賞を受賞。パリ大学初の女性教授職に就任した。放射能障害、白血病に侵され生涯を閉じた。日本ではキュリー夫人として有名。

I use the negativity to fuel the transformation, into a better me.

わたしは、ネガティブな気持ちを、
より良い自分に変わるための燃料として使います。

ビヨンセ

PROFILE | Beyoncé

シンガーソングライター。1981年9月4日〜。アメリカ生まれ。デスティニーズ・チャイルド解散後、ソロ活動を始める。世界の第一線で活躍し、CDトータルセールスは全世界で1億枚以上、グラミー賞史上最多受賞の記録を持つ最も才能溢れたシンガーソングライターと呼ばれる。夫は、音楽プロデューサーのジェイZ。

すべての悲しみは物語。
そう思えば耐えることができます。

アイザック・ディネーセン

PROFILE | Isak Dienesen

作家。1885年4月17日～1962年9月7日。デンマーク生まれ。本名はカレン・ブリクセン。17年間アフリカで農園を経営。帰国後、作家活動を始める。映画『愛と悲しみの果て』の原作となった『アフリカの日々』をはじめ、名作を遺す。2009年まで母国デンマークの50クローネ紙幣の肖像が使われていた。

if we had no winter, the spring would not be so pleasant;
if we did not sometimes taste the adversity,
prosperity would not be so welcome.

もし冬がなかったら、
春の訪れはそれほど喜ばれないでしょう。
もしわたしたちが逆境を経験しなければ、
成功もそれほどうれしく感じないでしょう。

アン・ブラッドストリート

PROFILE | Anne Dudley Bradstreet

詩人。1612年3月20日〜1672年9月16日。アメリカ生まれ。
著書が出版された最初のアメリカ人作家。デビュー作は詩集
『アメリカに生まれた10番目の詩神』。

INDEPENDENCE IS HAPPINESS.

独立とは幸福です。

スーザン・B・アントニー

PROFILE | Susan Brownell Anthony

社会改革運動家。1820年2月15日〜1906年3月13日。アメリカ生まれ。1856年からアメリカ反奴隷制協会のニューヨーク支部長を務め、南北戦争終了後は女性参政権運動に尽力。女性と黒人の参政権を主張し米国憲法改正への道を開いた。1979年、女性として初めてその肖像が1ドル硬貨に描かれた。

it is surely better to pardon too much, than to condemn too much.

激しく非難するより、許しすぎる方がいい。

ジョージ・エリオット

PROFILE | George Eliot

作家。1819年11月22日～1880年12月22日。イギリス生まれ。心理的洞察と写実性に優れた作品を発表したヴィクトリア朝を代表する作家のひとり。『アダム・ビード』『サイラス・マーナー』『ミドルマーチ』などの著書がある。本名はメアリー・アン・エヴァンス。

when you come to a roadblock, take a detour.

行く手をふさがれたら、回り道すればいい。

メアリー・ケイ・アッシュ

PROFILE | Mary Kay Ash

企業家。1918年5月12日〜2001年11月22日。アメリカ生まれ。1963年、わずか資金5000ドルで起業。その後、化粧品会社「メアリー・ケイ・コスメティクス」を立ち上げ、全米トップクラスの企業に成長させる。

anyone who has a continuous smile on his face conceals a toughness that is almost frightening.

いつもほほ笑んでいるだれもが、
驚くほどの強さを秘めているのです。

グレタ・ガルボ

PROFILE | Greta Garbo

女優。1905年9月18日～1990年4月15日。スウェーデン生まれ。3度のアカデミー主演女優賞へのノミネート経験がある。ハリウッドのサイレント映画期ならびにトーキー映画初期のスター。本名はグレータ・ルヴィーサ・グスタフソン。

人は間違いを犯さなければなりません。
それが学ぶ方法であり、世界の仕組みなんです。

ナオミ・キャンベル

PROFILE | Naomi Campbell

モデル。1970年5月22日〜。イギリス生まれ。アフリカ系モデルとして初めて『VOGUE』の表紙を飾る。世界一流コレクションに出演し、90年代のスーパーモデル・ブームを牽引する。ロバート・デ・ニーロ、マイク・タイソンなどと次々に浮名を流す。

the beginning is always today.

はじまりはいつも今日です。

メアリ・ウルストンクラフト

PROFILE | Mary Wollstonecraft

作家、思想家。1759年4月27日〜1797年9月10日。イギリス生まれ。フェミニズムの先駆者。著書『女性の権利の擁護』をはじめ、複数の著作で、男女の同権、教育の機会均等などを提唱した。娘は小説『フランケンシュタイン』で著者、メアリ・シェリー。

learn to get in touch with the silence within yourself,
and know that everything in life has purpose. there are no mistakes,
no coincidences, all events are blessings given to us to learn from.

自分の中の沈黙に触れ、人生のすべてが目的を持っていることを知りましょう。間違いも偶然もありません。すべての出来事は私たちが学ぶための祝福です。

エリザベス・キューブラー・ロス

PROFILE | Elisabeth Kübler-Ross

精神科医。1926年7月8日〜2004年8月24日。アメリカ生まれ。死の間際にある患者とのかかわり、悲哀の考察や、悲哀の仕事について説いた「死の受容のプロセス」と呼ばれる「キューブラー＝ロスモデル」を提唱。著書『死ぬ瞬間』(1969) がある。

WE TURN NOT OLDER
WITH YEARS BUT
NEWER EVERY DAY.

わたしたちは年々老いていくのではなく、
日々新しくなっていくのです。

エミリー・ディキンソン

PROFILE | Emily Dickinson

詩人。1830年12月10日〜1886年5月15日。アメリカ生まれ。生前は無名ながら1700篇以上の作品を残し、死後、世界中で高い評価を受けた。19世紀世界文学の天才詩人と呼ばれている。

a woman does not become interesting
until she is over 40.

女は40を過ぎておもしろくなる。

ココ・シャネル

PROFILE | Coco Chanel

ファッション・デザイナー。1883年8月19日〜1971年1月10日。フランス生まれ。ファッションブランド、シャネルの創業者。第二次世界大戦中、ドイツのスパイでもあった。

> your regrets aren't what you did, but what you didn't do, so I take every opportunity

後悔とは、やってしまったことではなく、やらなかったこと。
だから私はあらゆるチャンスを受け入れます。

キャメロン・ディアス

PROFILE | Cameron Diaz

女優。1972年8月30日〜。アメリカ生まれ。1994年に『マスク』のヒロインとして映画デビュー。『メリーに首ったけ』が大ヒットし一躍トップスターとなる。その他『チャーリーズ・エンジェル』『バニラ・スカイ』に出演。2018年引退を表明。

NOTHING IS IMPOSSIBLE TO A DETERMINED WOMAN.

決意した女性に不可能はありません。

ルイーザ・メイ・オルコット

PROFILE | Louisa May Alcott

作家。1832年11月29日〜1888年3月6日。アメリカ生まれ。自身の少女時代をもとに描かれた著書『若草物語』で知られる。

"born this way" is about being
yourself, and loving who you
are and being proud.

「ボーン・ディス・ウェイ」とは、自分自身であること。
自分を愛し、誇りに思うこと。

レディ・ガガ

PROFILE | Lady Gaga

シンガーソングライター。1986年3月28日〜。アメリカ生まれ。アルバム『The Fame』でデビューし、全米1位となる。奇抜で洗練されたファッション、セクシーなパフォーマンスも全世界で話題となる。2010年、TIME誌の「世界で最も影響力がある有名人100人」でアーティスト部門で1位となる。

for beautiful eyes, look for the good in others; for beautiful lips,
speak only words of kindness.

美しい瞳であるためには、他人の美点を探しなさい。
美しい唇であるためには、美しい言葉を使いなさい。

オードリー・ヘップバーン

PROFILE | Audrey Hepburn

女優。1929年5月4日〜1993年1月20日。ベルギー生まれ。ハリウッド黄金時代を活躍した映画界のみならず、ファッションアイコンとして知られている。出演映画『ローマの休日』『愛しのサブリナ』『ティファニーで朝食を』『マイ・フェア・レディ』などがある。晩年はユニセフの活動にとりくむ。

> acing a situation head
> on was the only way to
> deal with anything.

何にでも対処する唯一の方法は、
正面から向き合うことでした。

ローレン・バコール

PROFILE | Lauren Bacall

女優。1924年9月16日〜2014年8月12日。アメリカ生まれ。独特の声質と官能的な容姿で知られる。ハリウッド黄金時代を代表する女優のひとり。代表作はデビュー作『脱出』『三つ数えろ』『マンハッタン・ラプソディ』などがある。

words have power, and if you are going to use your words negatively,
then that is exactly what is going to happen in your life.

言葉には力があり、もし否定的な言葉を使うなら、
まさにその言葉どおりのことが、あなたの人生で起こるでしょう。

アシュリー・グラハム

PROFILE | Ashley Graham

モデル、肉体活動家。1987年10月30日〜。アメリカ生まれ。ぽっちゃりと豊かな曲線美を描くプラスサイズモデルの先駆者。英国版『VOGUE』、米国版『GLAMOUR』『SELF』表紙を飾る。体型の多様性を訴える活動に取り組むのほか、また自身のランジェリーブランドも展開。

it's good to push yourself and do what you don't necessarily want to do, that if you're not automatically good at it, you should try it. trying is so important

自分に負荷をかけ、やりたくないことをするのは良いことです。もしそれが得意でなければ、試してみるべきです。試すことはとても重要なんです。

メリル・ストリープ

PROFILE | Meryl Streep

女優。1949年6月22日〜。アメリカ生まれ。『ジュリア』で映画デビュー。『クレイマー、クレイマー』(1979) でアカデミー賞助演女優賞を獲得し地位を確立。アカデミー賞ではノミネートの歴代最多記録を持ち、ほかゴールデングローブ賞など数多くの受賞している実力派。

FORGIVENESS IS A VIRTUE OF THE BRAVE.

寛容さは勇敢な者の美徳のひとつです。

インディラ・プリヤダルシニー・ガンディー

PROFILE | Indira Priyadarshini Gandhi

政治家。1917年11月19日〜1984年10月31日。インド生まれ。インド初代首相の一人娘で、初の女性首相。また第5代、8代首相を務めた。1971年の対パキスタン戦争に勝利を納めたことで不動の地位を得る。1984年、首相官邸で暗殺される。

if you smile, things will work out.

もし、あなたがほほ笑めば、物事はうまくいく。

セリーナ・ウィリアムズ

PROFILE | Serena Williams

プロテニス選手。1981年9月26日〜。アメリカ生まれ。1998年、姉のビーナスとともにダブルスを組み全豪オープンに出場。翌年、17歳11カ月の若さで4大大会初優勝を達成。2002年全仏OPから2003年全豪OPまで4大会連続で姉妹対決の決勝を実現させ4連勝した。

every once in awhile, a girl has to indulge herself.

女の子は時々、自分を甘やかす必要があるんです。

サラ・ジェシカ・パーカー

PROFILE | Sarah Jessica Parker

女優。1965年3月25日〜。アメリカ生まれ。ニューヨークを舞台にしたコメディドラマ『セックス・アンド・ザ・シティ』に主演し、ゴールデン・グローブ賞コメディシリーズ部門主演女優賞を4度、エミー賞主演女優賞を2度受賞。世界中の女性のファッション・リーダーとなる。

always be a first-rate version of
yourself, instead of a second-rate
version of somebody else.

他の誰かの二流バージョンではなく、
いつも自分の一流バージョンでありなさい。

ジュディ・ガーランド

PROFILE | Judy Garland

女優、歌手。1922年6月10日〜1969年6月22日。アメリカ生まれ。映画『オズの魔法使』で大人気を博す。『スタア誕生』では抜群の歌唱力を披露して1940〜50年代のハリウッドを代表する大スターのひとりとなる。

turning our lives around is the bravest thing we can do.

人生を変えることは、
私たちにできる最も勇敢なことです。

ローズ・マッゴーワン

PROFILE | Rose McGowan

女優。1973年9月5日〜。イタリア生まれ。幼少期はコミューンやヨーロッパを放浪して育つ。10歳の時に両親の離婚を機に渡米。1995年に映画『ドゥーム・ジェネレーション』で注目を集め、この作品でインディペンデント・スピリット・アワードの候補となる。

HEN SOMEONE IS CRUEL OR ACTS LIKE A BULLY,
OU DON'T STOOP TO THEIR LEVEL. NO, OUR MOTTO IS
HEN THEY GO LOW, WE GO HIGH.

残酷な仕打ちをしたり、いじめっ子のようにふるまう人がいたとしても、あなたまで彼らのレベルに合わせて品位を落とすことはありません。彼らが低い場所を行くのなら、わたしたちは高いところを行く——それがわたしたちのモットーです。

ミシェル・オバマ

PROFILE | Michelle Obama

法律家。第44代アメリカ合衆国大統領バラク・オバマの妻。史上初のアフリカ系のファーストレディとなる。『VOGUE』誌の表紙も飾るなど、ファッション・アイコンとしての注目も集めた。

life is not easy for anyone.
you have to have ups and downs. you can make mistakes.
you learn and try not to make them again.
that's pretty much my principle.

人生は誰にとっても簡単ではありません。

浮き沈みがあります。間違いを犯す可能性があります。

学び、それを再び犯さないようにする──

それがわたしのルールです。

ナディア・コマネチ

PROFILE | Nadia Elena Comăneci

体操選手。1961年11月12日〜。ルーマニア生まれ。1976年モントリオールオリンピックにて、14歳にして五輪史上初めての10点満点、3個の金メダルを獲得した。可憐な演技で人気を博し、白い妖精と呼ばれた。世界で最も有名な体操選手のひとり。

ou'd think, 'what if i make a mistake today, i'll regret it'.
don't believe in regret, i feel everything leads us to
where we are and we have to just jump forward, mean well
commit and just see what happens.

「今日、間違いをしたら後悔するだろう」と思うでしょう。わたしは後悔を信じていません。すべての物事が、わたしたちのいる場所に導くものなのです。わたしたちはただ前にジャンプして、前向きに取り組み、何が起こるかを見るだけです。

アンジェリーナ・ジョリー

PROFILE | Angelina Jolie

女優、映画プロデューサー。映画『トゥームレイダー』でアクションヒロインとして国際的名声を得る。映画脚本をきっかけに難民支援活動を始める。紛争地の孤児3人を養子にし、世界の注目を集める。遺伝子検査で乳がんのリスクを高める変異が見つかり、2013年、両乳房の切除・再建手術を、2015年卵巣と卵管の摘出手術を受けた。

i didn't have many friends; i might not have had any friends.
but it all turned out good in the end,
because when you aren't popular and you don't have a social life,
it gives you more time to focus on your future.

わたしはあまり友達がいませんでした。ひとりもいなかったかもしれません。でも、結局のところ、すべてが良い結果になりました。なぜなら、人気がなく、社交的な生活をしていないときに、将来に集中するための時間をより多くの割くことができるからです。

マドンナ

PROFILE | Madonna

歌手、女優、ダンサー、ギタリスト、映画監督、実業家。1958年8月16日〜。アメリカ生まれ。『ライク・ア・ヴァージン』で一躍スターダムにのし上がる。映画にも多数出演。シングル・アルバムのセールスは2億7000万から3億枚以上とされる。1980年代、1990年代を通じて世界で最も成功した女性アーティストである。

self-pity is our worst enemy and if we yield to it, we can never do anything wise in this world.

自己憐憫は最悪の敵であり、
それに屈するなら、この世界で賢明なことは
なにひとつ成し遂げられない。

ヘレン・ケラー

PROFILE | Helen Keller

社会福祉事業家。1880年6月27日〜1968年6月1日。アメリカ生まれ。視覚と聴覚の重複障害者ながら、読み書きを覚え大学を卒業。世界各地で公演し身体障害者の地位向上、教育・福祉の発展に尽くした。

one of the best things that ever happened to me is that i'm a woman.
that is the way all females should feel.

わたしに起こった最高のことのひとつは、
わたしが女性だということです。
それはすべての女性が感じるべきことです。

マリリン・モンロー

PROFILE | Marilyn Monroe

女優。1926年6月1日〜1962年8月5日。アメリカ生まれ。孤児院出身ながらピンナップモデルで成功、映画会社と契約。映画『ナイアガラ』、『紳士は金髪がお好き』『七年目の浮気』などでハリウッドスターの仲間入り。アメリカンドリームの体現者で20世紀のセックスシンボル。

I CAN, THEREFORE I AM.

わたしはできる、だからわたしがいる。

シモーヌ・ヴェイユ

PROFILE | Simone Weil

哲学者。1909年2月3日〜1943年8月24日。フランス生まれ。第二次世界大戦中にほぼ無名のまま死亡するも、戦後、残されたノートが編集され出版されるとベストセラーを記録し、広く知られるようになった。遺稿は政治思想、歴史論、神学思想、労働哲学、人生論、詩、未完の戯曲、日記、手紙など多岐に渡る。

Proud to be
on the spectrum!

自閉症スペクトラムであることは誇りです。

グレタ・トゥーンベリ

PROFILE | Greta Thunberg

スウェーデンの環境活動家・高校生。2003年1月3日〜。2018年8月、温暖化対策を取らない大人へ抗議として、「気候のための学校ストライキ」をたったひとりで開始。この活動は世界に波及。2019年9月で行われた国連での怒りのスピーチは世界中で大きな話題を呼んだ。アスペルガー症候群、強迫性障害などの発達障害を持つ。

failure taught me things about myself that
i could have learned no other way.

失敗が教えてくれたことは、
他の方法では学ぶことができなかった自分自身について。

J・K・ローリング

PROFILE | J. K. Rowling

作家。1965年7月31日〜。イギリス生まれ。世界中で反響を呼んだ4億部以上出版され、史上最も売れたシリーズ小説『ハリーポッター』の作者。

一度だけの人生──それが私たちの持つ人生すべて。

ジャンヌ・ダルク

PROFILE | Jeanne d'Arc

英雄。1431年ごろ～1431年5月30日。フランス生まれ。フランス解放を神に託されたと信じ軍隊を率いて、英国軍を破り包囲を解いたフランスの危機を救う。のちに英国軍捕虜となり、宗教裁判で異端として火刑に処せられた。1920年聖女に加えられた。

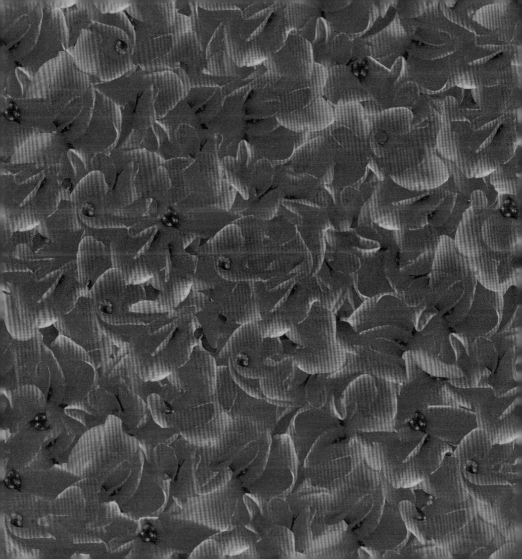

keep a grateful journal. every night,
list five things that you are grateful for.
what it will begin to do is change your perspective of your day and your life.

感謝の日記をつけ続け、毎晩、あなたが何に感謝したかを5つ、リストアップしましょう。そうすればあなたの一日と人生に対する考え方が変わり始めます。

オプラ・ウィンフリー

PROFILE | Oprah Winfrey

テレビ司会者。1954年1月29日〜。アメリカ生まれ。テレビトーク番組『オプラ・ウィンフリー・ショー』の司会を務める。ゲストのことを予め調べず、話をするスタイルで話題を呼ぶ。20世紀以降のアメリカで最も裕福なアフリカ系アメリカ人で、寄付や慈善活動にも熱心。

i love being a woman
and i love being
feminine.

わたしは女性であることを愛しています。
そして女性らしくあることを愛しています。

シャーリーズ・セロン

PROFILE | Charlize Theron

女優。1975年8月7日〜。南アフリカ生まれ。10キロ以上の体重増加を行い醜女メイクで連続殺人鬼を演じた映画『モンスター』でゴールデングローブ賞、アカデミー賞主演女優賞を受賞。2008年に国連平和大使に任命。女児2人を養子に迎えている。

IF PEOPLE WERE SILENT NOTHING WOULD CHANGE.

人々が黙っていれば、何も変わりません。

マララ・ユスフザイ

PROFILE | Malala Yousafzai

人権運動家。1997年7月12日〜。パキスタン生まれ。タリバンによる女子校の破壊活動を批判、女性への教育の必要性や平和を訴える活動を続け、英国メディアから注目される。2014年ノーベル平和賞を受賞、2017年国連平和大使に任命と、いずれも史上最年少記録である。

getting angry doesn't solve anything.

怒っても何も解決しません。

グレース・ケリー

PROFILE | Grace Kelly

元モナコ公国王妃、元女優。1929年11月12日〜1982年9月14日 アメリカ生まれ。アルフレッド・ヒッチコック作品の常連で、映画『ダイヤルMを廻せ』『泥棒成金』『裏窓』などに出演。クール・ビューティと評され圧倒的な人気を誇った。人気絶頂期にモナコ公国レーニエ大公と結婚し、女優業を引退。交通事故で死去。

i like living. i have sometimes been wildly, despairingly,
acutely miserable, racked with sorrow, but through it all i still know
quite certainly that just to be alive is a grand thing.

私は生きることが好きです。時にひどく絶望的に、とても悲惨な悲しみに悩まされていますが、それを通じて生きることの素晴らしさを知ることができます。

アガサ・クリスティー

PROFILE | Agatha Christie

作家。1890年9月15日〜1976年1月12日。イギリス生まれ。著書に数多くのベストセラーがある「ミステリーの女王」。世界中で聖書とシェイクスピアの次に読まれているといわれる。主な作品に『オリエント急行の殺人』『ABC殺人事件』『そして誰もいなくなった』などがある。

If you are afraid of losing something, then you are dependent on it. If you are not afraid, then you are free.

もし何かを失うことを恐れているなら、
あなたは縛られています。
恐れていないなら、あなたは自由です。

シルビー・ギエム

PROFILE | Sylvie Guillem

バレエダンサー。1965年2月25日〜。フランス生まれ。史上最年少の19歳でパリ・オペラ座バレエ団エトワールに。方針の違いから英国ロイヤルバレエ団に移籍し、客員プリンシパルを務める。理想的な体型、動きの完璧さで「世紀のバレリーナ」と呼ばれた。2015年引退。

i think that if you live long enough,
you realize that so much of what happens in life is out of your control,
but how you respond to it is in your control.
that's what i try to remember.

長く生きていれば、人生で起こることの多くは自分のコントロール外にあることに気づくと思いますが、それにどう反応するかは、自分のコントロール下にあります。

ヒラリー・クリントン

PROFILE | Hillary Clinton

政治家、弁護士。1947年10月26日〜。アメリカ生まれ。第42代アメリカ合衆国大統領ビル・クリントンの妻。元ファーストレディとしての知名度、民主党上院議員の実績から、2008年、2016年の2度大統領選に立候補し、女性初の大統領として有力視された。

偉大なダンサーは、
そのテクニックゆえに素晴らしいものではなく、
情熱ゆえに素晴らしいのです。

マーサ・グレアム

PROFILE | Martha Graham

舞踏家、振付師。1894年5月11日～1991年4月1日。アメリカ生まれ。モダンダンス界を代表するひとりでパイオニア。

THERE'S NO SUCH THING IS AGING, BUT MATURING AND KNOWLEDGE.
IT'S BEAUTIFUL, I CALL THAT BEAUTY.

老けることなんてない。成熟と知識が身につくのです。
それはとても美しいこと。
だからわたしは、歳を重ねることを美と呼びます。

セリーヌ・ディオン

PROFILE | Celine Dion

歌手。1968年3月30日〜。カナダ生まれ。アトランタオリンピック開会式で「Power of the Dream」を披露。翌年、映画『タイタニック』の主題歌「My Heart Will Go On」が大ヒットし、世界的人気を獲得。

never look back.
if cinderella had looked back and
picked up the shoe she would have
never found her prince.

決して振り返ってはいけません。もしシンデレラが振り返り、靴を拾ったら、王子様は彼女を見つけることができなかったでしょうから。

セレーナ・ゴメス

PROFILE | Selena Gomez

女優、歌手。1992年7月22日〜。アメリカ生まれ。テレビドラマ出演をきっかけに全米のティーンに絶大な人気を誇る。女優のほか歌手としても活動、初のソロアルバムが全米ビルボード・チャートで第1位を獲得する。また史上最年少でユニセフ親善大使を務める。

the most difficult thing
is the decision to act, the
rest is merely tenacity.

最も難しいことは決意をして行動すること。
あとは執念深くやることだけ。

アメリア・イアハート

PROFILE | Amelia Earhart

飛行士。1897年7月24日〜1937年7月2日。アメリカ生まれ。1932年5月、チャールズ・リンドバーグに続き、女性として初めて大西洋単独横断飛行に成功。女性の地位向上のために働く国際的奉仕団体「ゾンタクラブ」の主要メンバーとしても活動し、国民的な人気を得ていた。

if we really want to love we must learn how to forgive.

本当に愛したいのなら、
許す方法を学ばなければなりません。

マザー・テレサ

PROFILE | Mother Teresa

カトリック聖職者。1910年8月26日〜1997年9月5日。北マケドニア共和国生まれ。インドの貧困地帯に住み、どの宗教にかかわらず、貧民、死に瀕した病人、老人、子供など苦しむ人々のために献身的に奉仕した。この活動により1979年、ノーベル平和賞受賞など多数受賞、1996年にはアメリカ名誉市民に選ばれている。

学ぶ方法の90%は偉大な人を見ることです。

ナタリー・ポートマン

PROFILE | Natalie Portman

女優。1981年6月9日〜。イスラエル生まれ。13歳のとき映画『レオン』のヒロインに抜擢され脚光を浴びる。『スターウォーズ』クイーン・アミダラ役のほか、数多くの名画に出演。2011年『ブラック・スワン』でアカデミー賞主演女優賞を受賞。ハーバード大学卒。

once we give up searching for approval
we often find it easier to earn respect.

同意を求めなければ尊敬される。

グロリア・スタイネム

PROFILE | Gloria Steinem

ジャーナリスト、フェミニズム活動家。1934年3月25日〜。
アメリカ生まれ。1971年、女性による女性のための雑誌
『Ms.(ミズ)』を共同創刊。性差別反対を主張し、新語"Ms."
の使用を促進、1975年正式採用された。

> わたしが成功したのは、
> 決して言い訳をしなかったからです。

フローレンス・ナイチンゲール

PROFILE | Florence Nightingale

看護婦、統計学者、近代看護の創始者。1820年5月12日〜1910年8月13日。イギリス生まれ。クリミア戦争での負傷兵たちへの献身や統計に基づく医療衛生改革で有名。近代看護教育の母と呼ばれ、病院建築でも非凡な才能を発揮した。

carry out a random act of kindness,
with no expectation of reward,
safe in the knowledge that one day someone might do the same for you.

見返りを求めず、無差別に親切なことをしてください。
いつの日か誰かがあなたに同じことを
してくれるかもしれないのだから。

ダイアナ・フランセス

PROFILE | Diana Frances

元ウェールズ公妃。1961年7月1日～1997年8月31日。イギリス生まれ。名門貴族の令嬢として生まれ、幼稚園の保母を経て、1981年チャールズ皇太子と結婚する。ウィリアム王子、ヘンリー王子の2児をもうけた。1996年に離婚。1997年にパリで交通事故による不慮の死を遂げた。

it is better to be unfaithful than to be faithful without wanting to be.

望まない誠実であるより、不誠実であるほうがいい。

ブリジット・バルドー

PROFILE | Brigitte Bardot

女優、ファッションモデル、歌手。1934年9月28日〜。フランス生まれ。猫のような目にぼてっとした唇が愛らしい、20世紀のヨーロッパを代表するセックス・シンボル。BBの愛称で親しまれる。1973年に映画界を引退し、野生動物保護活動をしている。

BE ABLE TO DELEGATE, BECAUSE THERE ARE SOME THINGS
THAT YOU JUST CAN'T DO BY YOURSELF.

人に委ねてください。なぜなら
自分ひとりではできないことがあるから。

メーガン・マークル

PROFILE | Rachel Meghan Markle

サセックス公爵夫人、元女優。1981年8月4日〜。ドラマ『SUITS』で人気を得る。女優業のかたわら慈善活動にも取り組み、国際NGO「ワールド・ビジョン」のアンバサダーとして活動。2017年イギリス王室のヘンリー王子と婚約、2018年結婚した。

泣き言や不平を言ったり、
叫んだりしても意味がありません。

アナ・ウィンター

PROFILE | Anna Wintour

編集者。1949年11月3日〜。イギリス生まれ。1988年から米国版『VOGUE』の編集長を務める。映画化された小説『プラダを着た悪魔』に登場する鬼編集長のモデルとなったといわれる。2008年、長年のファッション界への貢献が評価され、大英帝国勲章を授与されている。

whoever said, "it's not whether you win or lose that counts," probably lost.

「勝敗は大切ではない」
という言葉を使いたがるのは敗者です。

マルチナ・ナブラチロワ

PROFILE | Martina Navrátilová

プロテニス選手。1956年10月18日〜。チェコスロバキア生まれ。数々の記録を樹立したテニス界の女王。ウィンブルドン選手権史上最多優勝、WTAツアー最多優勝記録を持つ。1994年に引退したものの6年後に復帰。46歳3カ月で4大大会の最年長優勝記録を更新し、かつグランドスラムを達成した。2006年二度目の引退。

> *life is not to be expended in vain regrets.*

人生を無駄な後悔に費やすべきではありません。

ドロシア・リンド・ディックス

PROFILE | Dorothea Lynde Dix

社会活動家。1802年4月4日〜1887年6月17日。アメリカ生まれ。州議会やアメリカ合衆国議会への精力的なロビー活動を行い、困窮した精神病患者のための本格的な精神病院を多数設立した。南北戦争の間は陸軍看護師の監督官を務めた。

it is important from time to time to slow down,
to go away by yourself, and simply be.

時にはペースを落として
ひとりきりでどこかへ行き、ただたたずむ
——これは重要なことです。

アイリーン・キャディ

PROFILE | Eileen Caddy

作家。1917年8月26日〜2006年12月13日。エジプト生まれ。1962年に創設された生活共同体の教育・組織的活動の中枢組織である、フィンドホーン財団の創設者。

> No one has ever become poor by giving.

与えることで貧しくなった人は、
ひとりもいません。

アンネ・フランク

PROFILE | Anne Frank

ユダヤ系ドイツ人少女。1929年6月12日〜1945年。第二次世界大戦中、ナチスの迫害により余儀なくされた隠遁生活を記した彼女日記を、生き延びた父が彼女の死後、1947年に『アンネの日記』として出版。世界的に知られるようになり、ホロコーストとの象徴となる。

But who wants an easy life？ It's boring！

誰が悠々とした生活を求めるの？
そんなの退屈でしょう！

ジェーン・バーキン

PROFILE | Jane Birkin

女優、歌手、モデル。1946年12月14日〜。イギリス生まれ。英仏にまたがるマルチ・アーティスト。セルジュ・ゲンズブールのパートナーで、女優シャルロット・ゲンズブールら三姉妹の実母。モデルとしてファッション界にも影響を及ぼし、エルメスのカジュアルバッグ「バーキン」の由来にもなった。

生きているだけで楽しいってことを
忘れたことはない。

キャサリン・ヘップバーン

PROFILE | Katharine Hepburn

女優。1907年5月12日〜2003年6月29日。アメリカ生まれ。
オスカーを4回受賞したただひとりの女優（2019年現在）。
ヘプバーン本人は公の場を嫌い、自身がノミネートされた年
度の授賞式に出席することもなかった。

TO REALISE OUR DREAMS WE MUST DECIDE TO WAKE UP.

夢を実現するには、
目を覚ます決意をしなければなりません。

ジョセフィン・ベーカー

PROFILE | Josephine Baker

女優、歌手。1906年6月3日〜1975年4月12日。アメリカ生まれ。黒人レビュー団、ブラック・バーズの一員のパリ公演で注目される。パリに留まりシャンソンを歌う。人種差別撤廃運動を展開しフランスの古城を入手して世界各国の孤児救済活動を行う。

IT IS NOT EASY TO BE A PIONEER. BUT OH, IT IS FASCINATING!"?

先駆者となるのは容易でないですが、とてもワクワクします。

エリザベス・ブラックウェル

PROFILE | Elizabeth Blackwell

医師。1821年2月3日〜1910年5月19日。イギリス生まれ。米国で医学校を卒業した最初の女性で、英国に医師登録された最初の女性。女性の医学教育に貢献し、女性の権利の向上に働きかけた活動家としても有名。

IF YOU SET OUT TO BE LIKED,
YOU WOULD BE PREPARED TO COMPROMISE ON ANYTHING AT ANY TIME,
AND YOU WOULD ACHIEVE NOTHING.

あなたが人に嫌われないように
はじめから妥協することを考えて物事に着手したなら、
何も達成することはできないでしょう。

マーガレット・サッチャー

PROFILE | Margaret Thatcher

政治家、第71代イギリス首相。1925年10月13日〜2013年4月8日。イギリス生まれ。イギリス初の女性首相で、小さな政府を目指し規制緩和や政府系企業の民営化を推し進めた。徹底的に強弁な経済改革を行ったことから「鉄の女」の異名を持つ。

one cannot think well, love well, sleep well, if one has not dined well.

きちんと食事していない人は、よく考えることも、
よく愛することも、よく眠ることもできません。

ヴァージニア・ウルフ

PROFILE | Virginia Woolf

小説家、評論家。1882年1月25日〜1941年3月28日。イギリス生まれ。小説『ダロウェイ夫人』『灯台へ』『オーランドー』『波』、評論『自分だけの部屋』(1929)などがある。深刻な鬱病により入水自殺。夫にあてた遺書は世界で最も美しい遺書として有名。

i've learned life is a lot like surfing.
when you get caught in the impact zone, you need to get right back up,
because you never know what's over the next wave...
and if you have faith, anything is possible, anything at all.

人生はサーフィンに似ています。インパクトゾーンに巻き込まれたら、すぐに立ち直る必要があります。次の波がどうなるかわからないからです。そして信念があれば、何でも可能です。

ベサニー・ハミルトン

PROFILE | Bethany Hamilton

プロサーファー。1990年2月8日〜。アメリカ生まれ。将来有望なプロサーファーとして期待されていたが、13歳のときサメに左腕を肩の下から食いちぎられる。大怪我にもかかわらず、1カ月も経たずに再びサーフィンを始め、全米アマチュアサーファーの最高レベルのチャンピオンとなった。

地球の美しさや神秘を感じ取れる人たちは、
科学者であろうとなかろうと、決してひとりぼっちに
なることがなく、人生に退屈することもありません。

レイチェル・カーソン

PROFILE | Rachel Carson

科学者。1907年5月27日～1964年4月14日。アメリカ生まれ。1960年代に環境問題を告発する。農薬の危険性を訴えた著書『沈黙の春』が有名。人々を環境問題に注目させ、環境保護運動の始まりとなった。没後、大統領自由勲章の授与を受けた。

the pain is necessary. sometimes pain is the teacher we require,
a hidden gift of healing and hope.

痛みは必要です。
時に痛みはわたしたちが必要とする教師であり、
癒しと希望の隠れた贈り物なのです。

ジャネット・ジャクソン

PROFILE | Janet Jackson

シンガーソングライター。1966年5月16日〜。アメリカ生まれ。マイケル・ジャクソンの妹でもある。代表作に人気を確実なものにした名盤『contorol』、人種差別・性差別、ホームレス、薬物など政治問題を取り入れた、『Rhythm Nation 1814』や『janet.』などがある。

参考資料　　『goodreads』https://www.goodreads.com/quotes
　　　　　　『Brainy Quote』https://www.brainyquote.com/
　　　　　　『wealthy GORILLA』https://wealthygorilla.com/
　　　　　　『THE FAMOUS PEOPLE』https://quotes.thefamouspeople.com/
　　　　　　『marie Claire』https://www.marieclaire.com/
　　　　　　『COSMOPOLITAN』https://www.cosmopolitan.com/
　　　　　　『Harper's BAZAAR』https://www.harpersbazaar.com/jp/best-quotes/
　　　　　　https://www.facebook.com/gretathunbergsweden/

写　真　　　shutterstock
　　　　　　榎本壯三（P.104）

心を元気にする赤い花と名言

赤の言の葉

2019年10月31日発行

編　者　　　開発社

発行者　　　藤本晃一

発行所　　　株式会社 開発社
　　　　　　〒103-0023
　　　　　　東京都中央区日本橋本町1-4-9
　　　　　　ミヤギ日本橋ビル8階
　　　　　　TEL：03-5205-0211　FAX：03-5205-2516（編集・販売）

印刷・製本　光邦

©Kaihatusha 2019
ISBN 978-4-7591-0164-5
Printed in Japan

本書の無断転載・複写・複製等を禁じます。